Cómo promocionar su libro de cocina.

CÓMO PROMOCIONAR SU LIBRO DE COCINA

Serie "Cómo promocionar"
Por: D.K. Hawkins
Versión 1.1 ~Noviembre 2022
Publicado por D.K. Hawkins en KDP
Copyright ©2022 por D.K. Hawkins. Todos los derechos reservados.

Ninguna parte de esta publicación puede ser reproducida, distribuida o transmitida en cualquier forma o por cualquier medio, incluyendo fotocopias, grabaciones u otros métodos electrónicos o mecánicos, o por cualquier sistema de almacenamiento o recuperación de información, sin el permiso previo por escrito de los editores, excepto en el caso de citas muy breves incorporadas en reseñas críticas y algunos otros usos no comerciales permitidos por la ley de derechos de autor.

Quedan reservados todos los derechos, incluido el de reproducción total o parcial en cualquier formato.

Toda la información contenida en este libro se ha investigado cuidadosamente y se ha comprobado su exactitud. Sin embargo, el autor y el editor no garantizan, expresa o implícitamente, que la información contenida en este libro sea apropiada para cada individuo, situación o propósito y no asumen ninguna responsabilidad por errores u omisiones.

El lector asume el riesgo y la plena responsabilidad de todas sus acciones. El autor no será responsable de ninguna pérdida o daño, ya sea consecuente, incidental, especial o de otro tipo, que pueda resultar de la información presentada en este libro.

Todas las imágenes son de uso gratuito o han sido adquiridas en sitios de fotografías de stock o libres de derechos para su uso comercial. Para la elaboración de este libro me he basado en mis propias observaciones y en muchas fuentes diferentes, y he hecho todo lo posible por comprobar los hechos y dar el crédito que corresponde. En caso de que se utilice algún material sin la debida autorización, le ruego que se ponga en contacto conmigo para corregir el descuido.

La información proporcionada en este libro tiene únicamente fines informativos y no pretende ser una fuente de asesoramiento o análisis crediticio con respecto al material presentado. La información y/o los documentos contenidos en este libro no constituyen un asesoramiento legal o financiero y nunca deben utilizarse sin consultar primero con un profesional financiero para determinar qué puede ser lo mejor para sus necesidades individuales.

El editor y el autor no ofrecen ninguna garantía ni promesa sobre los resultados que puedan obtenerse al utilizar el contenido de este libro. Nunca debe tomar ninguna decisión de inversión sin consultar primero con su propio asesor financiero y realizar su propia investigación y diligencia debida. En la medida en que lo permita la ley, el editor y el autor renuncian a toda responsabilidad en caso de que la información, los comentarios, los análisis, las opiniones, los consejos y/o las recomendaciones contenidas en este libro resulten ser inexactos, incompletos o poco fiables o den lugar a pérdidas de inversión o de otro tipo.

El contenido de este libro no pretende constituir ni constituye un asesoramiento jurídico o de inversión, y no se establece ninguna relación abogado-cliente. El editor y el autor proporcionan este libro y su contenido "tal cual". El uso que usted haga de la información contenida en este libro es por su cuenta y riesgo.

ÍNDICE DE CONTENIDOS.

Cómo promocionar su libro de cocina. 1

ÍNDICE DE CONTENIDOS. 4

INTRODUCCIÓN. 6

CAPÍTULO 1: CÓMO ESCRIBIR SU LIBRO DE COCINA Y PUBLICARLO. 10

CAPÍTULO 2: LOS INGREDIENTES BÁSICOS DE LA PUBLICACIÓN DE LIBROS DE COCINA. 14

CAPÍTULO 3: CÓMO EMPEZAR A PROMOCIONAR SU LIBRO DE COCINA. 20

CAPÍTULO 4: POR QUÉ ESCRIBIÓ SU LIBRO DE RECETAS? 25

CAPÍTULO 5: CÓMO PUBLICITAR SU RECETARIO A TRAVÉS DE LA TRANSFERENCIA DE FIDELIDAD. 31

CAPÍTULO 6: CÓMO LOS AUTORES DE LIBROS DE COCINA PUEDEN CREAR UN FANTÁSTICO SEGMENTO DE COCINA PARA LA TELEVISIÓN. 38

CAPÍTULO 7: ¿CREAS TU LIBRO DE RECETAS POR PLACER O POR BENEFICIO? 47

CAPÍTULO 8: CÓMO PROMOCIONAR TU RECETARIO EN FACEBOOK. 52

CAPÍTULO 9: CÓMO COMPONER UNA ESTRATEGIA DE MARKETING DE LIBROS. 57

CAPÍTULO 10: DESARROLLAR UNA CAMPAÑA DE PROMOCIÓN DE LIBROS. 62

CAPÍTULO 11: FORMAS DE MANTENER LA COBERTURA INFORMATIVA DE SU RECETARIO. 69

CAPÍTULO 12: ESTABLECER EVENTOS DE AUTORES Y FIRMAS DE LIBROS PARA MAXIMIZAR LA PUBLICIDAD DEL LIBRO. 76

CAPÍTULO 13: ¿DEBE CONSIDERAR LA VENTA DE SU LIBRO DE RECETAS EN LAS LIBRERÍAS? 94

CAPÍTULO 14: MEJORAR LA ESTRATEGIA DE MARKETING DE SU RECETARIO. 98

CAPÍTULO 15: MÁS ALLÁ DE LA LETRA DEL LIBRO. 106

CONCLUSIÓN. 110

INTRODUCCIÓN.

Si alguna vez se ha planteado publicar y promocionar un libro de cocina, debería leer detenidamente esta guía. La popularidad de los libros de cocina como producto fácil de vender ha seguido aumentando, al igual que el diseño del libro, la calidad de las recetas y la originalidad de los autoeditores.

En los últimos 50 años, los libros de cocina han demostrado ser mucho más que una recopilación de recetas. Los libros de cocina son un excelente instrumento de relaciones públicas. Contribuyen a la tradición local.

Los libros de cocina son registros significativos del patrimonio de una nación. Son un objeto de coleccionista, un recuerdo familiar y un medio de preservar nuestra identidad. La práctica de transmitir las recetas de una generación a otra, se publiquen o no en un libro de cocina, tiene una larga historia.

El mercado de los libros de cocina nunca puede estar saturado, ya que el público siempre busca recetas frescas y las formas más deliciosas de preparar las comidas. Los libros de cocina están saliendo de la cocina y encontrando un lugar en la mesa de café, ya que un número cada vez mayor de ellos incluye fotografías en color junto a sus recetas e información interesante al margen.

La mayoría de los compradores de libros de cocina son conocidos como cocineros de sillón. No tienen tiempo para cocinar, pero les gusta leer recetas y artículos sobre cocina y alimentación y coleccionar magníficos libros de cocina. Sé que esto es cierto, ya que he pasado innumerables horas destacando recetas que espero probar algún día en mis libros de cocina.

La comida y la cocina son aspectos integrales de la vida diaria, lo que hace que los libros de cocina sean indispensables en todos los hogares estadounidenses y europeos. Incluso en una economía débil o en declive, las ventas de libros de cocina son siempre robustas.

Vivimos en una cultura obsesionada con los libros de cocina. Tanto si se compran para leerlos tranquilamente como para preparar comidas, los libros de cocina son populares año tras año. El 80% de los libros de cocina se venden a través del boca a boca, y las ventas de libros de cocina siguen aumentando cada año. En algunos años, ha alcanzado el 76%.

Tres de cada diez mujeres estadounidenses coleccionan libros de cocina, mientras que la mujer estadounidense media posee aproximadamente 15 libros de cocina. Noventa y siete millones de personas han regalado o recibido un libro, siendo la cocina el género más popular.

Podría publicar sus recetas de forma rápida y asequible en un sencillo libro mientras trabaja desde casa. La autopublicación de un libro comercial es una segunda alternativa. Sin embargo, necesita más capital. Las imágenes en color son innecesarias para crear un libro maravilloso con sus recetas.

Considere la posibilidad de publicar un libro de cocina con imágenes en color si dispone de fondos importantes para invertir en su empresa de autopublicación. La decisión es suya.

La promoción, el marketing y las ventas de los libros de cocina autopublicados pueden ser muy agradables. Puede hacer demostraciones de cocina en público y distribuir muestras gratuitas de sopa.

El mercado de los libros de cocina siempre ha sido fenomenal. Si siempre ha soñado con publicar sus recetas, este es un excelente incentivo para considerar su publicación en un libro de cocina.

CAPÍTULO 1: CÓMO ESCRIBIR SU LIBRO DE COCINA Y PUBLICARLO.

¿Tiene ideas de recetas únicas e inusuales que le gustaría ofrecer a cambio de una compensación? Escribir un libro de cocina puede ser un excelente método para ganar dinero en la industria de la cocina sin tener que cocinar todos los días.

Tienes opciones.

Existen múltiples formas de obtener ingresos al producir un libro de cocina. Además de generar un libro de cocina de tapa dura o de bolsillo, puede crear un recurso de recetas descargables sencillo y rentable. También puede crear sitios web de recetas (con apoyo de los anunciantes o de los miembros) en los que usted envíe rutinariamente nuevas ideas de cocina, y/o los visitantes puedan añadir sus contribuciones.

Dado que en la actualidad hay tantos libros y sitios web sobre alimentación, piense en cómo podría resolver un problema frecuente que la gente tiene con la cocina o las recetas. Algunos ejemplos son las cenas de 5 minutos para personas con poco tiempo o paciencia y la cocina sin gluten para quienes deben seguir una dieta sin gluten pero necesitan variedad.

¿Qué debe tener?

Como escritor, necesitará un ordenador, una impresora, una conexión a Internet y un equipo básico de oficina (dependiendo del tipo de negocio de libros de cocina que vaya a iniciar). Como es probable que trabaje desde casa, puede ahorrarse los gastos de muchas pequeñas empresas en concepto de oficina, tiempo de desplazamiento, personal, etc., y software de dictado, de creación de libros electrónicos e incluso de libros de cocina. Algunas herramientas de escritura pueden ayudar a acelerar el proceso de escritura y optimizar tu tiempo. Las tecnologías que ahorran tiempo pueden ser especialmente útiles si quieres escribir varios libros.

Publicación.

Puede tratar con un editor que le ayude a promocionar su libro de cocina, o puede autopublicar su producto y evitar los costes exorbitantes que conlleva trabajar con un editor.

Hay muchos sitios de Internet para la autopublicación, muchos de los cuales ofrecen ayuda y orientación. La autopublicación de un libro impreso es una opción, al igual que la autopublicación gratuita de libros electrónicos para dispositivos como el iPhone y el Kindle.

Si publica sus libros de cocina, debe adquirir un Número Internacional Normalizado de Libro (ISBN). Puede solicitar el ISBN a través del sitio web.

Cuando envíes el borrador de tu libro a una editorial, debes dirigir el sobre al editor por su nombre (no sólo "editor"). Book Market es un sitio web que ofrece una lista gratuita de más de 400 editoriales de libros, con los nombres de los editores, para su uso. Pueden pasar meses hasta que un editor te responda, así que ten paciencia y envía tu trabajo a varias editoriales.

Dado que Amazon es una librería muy conocida que proporciona a los escritores una amplia exposición, muchos autores desean utilizar la plataforma para vender sus libros. Existe un libro llamado "Vende tu libro en Amazon" por si te interesa. Como es lógico, está disponible en Amazon.com.

No dude en empezar a escribir. Con tantas alternativas, escribir y publicar tu libro de cocina puede ser más fácil de lo que crees.

CAPÍTULO 2: LOS INGREDIENTES BÁSICOS DE LA PUBLICACIÓN DE LIBROS DE COCINA.

Debido a la amplia disponibilidad de información gratuita en Internet, es bastante sencillo para cualquiera publicar un libro. Sin duda, un libro de cocina no sólo es una de las publicaciones más vendidas que se pueden publicar, sino también una de las más sencillas y rápidas. Si desea hacer su libro de cocina, tendrá que desarrollar una experiencia editorial.

Crear una lista o un diagrama de las principales etapas necesarias para elaborar su libro de cocina es una buena forma de empezar. Por ejemplo;

Paso 1 - Crear el contenido y las fotos en el primer paso.

Paso 2 - Edición y corrección de pruebas.

Paso 3: Formato, diseño y maquetación del manuscrito y la portada.

Paso 4 - Impresión.

Paso 5 -: publicación y comercialización.

Cuantas más de estas etapas subcontrate, más dinero le costará el proceso, que puede acumularse rápidamente si no está seguro de qué dirección tomar. La experiencia personal me ha enseñado que pagar a alguien para que realice una tarea no garantiza que se haga correctamente.

Tuve muchos problemas con la empresa que contraté para dar formato a mi trabajo, y deseé tener a alguien que me aconsejara sobre qué servicios de formateo utilizar y cuáles evitar; fue una lección cara de aprender.

Por esta razón principal, es mejor utilizar servicios de publicación recomendados. Los clubes de escritores y los foros en línea son buenos lugares para obtener sugerencias fiables sobre servicios de publicación.

Los ingredientes básicos y las estrategias de éxito.

Está listo para embarcarse en la empresa más emocionante de su vida: la publicación del libro de cocina. Pronto descubrirá que la producción de un libro de cocina es una empresa maravillosamente agradable, emocionante y difícil, más de lo que podría prever. Puedes publicar un libro de cocina tremendamente popular como el mío y si me preguntas si producir un libro de cocina vale la pena el tiempo y el esfuerzo, te diría que sí. ¡Por supuesto que sí!

¿Por qué "perder" el tiempo en la cocina? Es el título de mi libro de cocina. Se han vendido más de 250.000 ejemplares, pero menos del diez por ciento de esas ventas proceden de las librerías. Sin embargo, perdí una gran cantidad de tiempo volviendo sobre mis pasos y apresurándome a vender todos esos libros de cocina, ya que primero carecía de un conocimiento exhaustivo de la industria editorial y del proceso de comercialización de un libro de cocina.

Antes de devanarse los sesos para determinar cómo escribir un libro de cocina y, lo que es más importante, cómo publicar un libro de cocina, investigue el por qué y sobre qué está escribiendo, el público al que se dirige y el momento ideal para lanzar el libro.

Independientemente de si desea publicar o autopublicar su libro de cocina, debe conocer a fondo la industria editorial. Si no entiende los fundamentos, ¿cómo sabrá si sus contratos están en orden, si su plan de marketing para su libro de cocina es una estrategia eficaz y si su libro es lo mejor que puede ser?

El conocimiento es poder. Debe dedicar suficiente tiempo a aprender sobre el sector editorial.

Comprender la publicación y el marketing de los libros le ayudará a determinar por qué está escribiendo un libro de cocina. Tal vez esté creando un libro de cocina para relatar los secretos de la familia o para recopilar una colección de sus recetas favoritas; tal vez esté escribiendo un libro de cocina para un beneficio de la comunidad o de la iglesia; o, sobre todo, quiere hacer un best-seller.

Como ya sabe cuántos libros de cocina se venderán y quién los comprará, no es necesario un plan de negocio y marketing para los libros de cocina diseñados para un público reducido.

Sin embargo, si tiene la intención de publicar su libro de cocina para un público amplio, debe reconocer que ha pasado del papel de autor al de editor. Así pues, ahora es usted un empresario cuyo principal objetivo es elaborar un producto para su venta. Es inútil publicar un libro que no se va a vender.

Yo creía erróneamente que escribir mi libro de cocina me llevaría dos o tres meses y que estaría en las estanterías de todas las librerías del país en poco tiempo. Ja, ja, ja, risa, risa. La experiencia es una maestra maravillosa, pero ¿quién dice que hay que aprender por las malas?

Al principio, no tenía ni idea de cómo publicar un libro de cocina. Sin embargo, a través de este ensayo y del curso de edición que mis colegas y yo hemos desarrollado, espero evitar que pierdan dinero y tiempo.

¿Cómo escribí un libro de cocina tan popular?

La respuesta breve es investigación, investigación, investigación y otra investigación. Tuve el sentido común de realizar un estudio antes de publicarlo. Sin embargo, la investigación puede llevar y ha llevado años. Después de aprender a escribir un libro de cocina, tuve que informarme sobre el proceso de publicación.

CAPÍTULO 3: CÓMO EMPEZAR A PROMOCIONAR SU LIBRO DE COCINA.

Se trata de su primer libro de cocina, que cuenta con recetas divinas e imágenes encantadoras, y espera con impaciencia esos cuantiosos cheques de regalías.

¿Cuál es su plan para comercializar este libro?

¿Qué medidas está tomando para impulsar las ventas?

Los autores noveles suelen creer que el editor se encarga de toda la publicidad. No es cierto. Como autor, usted es el que más pierde. Por lo tanto, le conviene hacer publicidad y vender su libro de cocina de forma proactiva.

La mayor parte de la investigación puede llevarse a cabo mientras prepara y escribe su libro. Visite las librerías y examine los libros de cocina disponibles. Considere los distintos tipos de libros de cocina y sus autores. Determine qué libros son sus competidores inmediatos en cuanto a ventas. Cree estrategias para distinguirse.

Antes de que su libro salga a la venta, póngase en contacto con editores de revistas, editores de revistas electrónicas y propietarios de sitios web una vez que lo haya enviado a la editorial. Pregunte si van a reseñar su libro y espere amablemente una respuesta antes de incurrir en gastos de envío.

Escriba artículos o extractos de su libro de cocina para publicaciones que se dirijan a su público objetivo.

Consulte a su periódico local para obtener reseñas y entrevistas. Ofrézcase a ser el tema de un artículo llamando a un reportero de artículos y solicitando una entrevista.

Cree un sitio web con su nombre o el título de su libro como dominio. Tome todas las reseñas, artículos y reportajes publicados sobre su libro y póngales un enlace o haga un extracto. También puede incluir citas de las reseñas en sus comunicados de prensa.

Una vez que su libro haya salido a la venta, póngase en contacto con las librerías a las que esté dispuesto a viajar y ofrézcase para realizar una firma de libros, una demostración de cocina o una lectura. No se dé por vencido. Siga llamando, preparando y haciendo publicidad. Lleve regalos a las firmas de libros. En los marcadores de libros, las tarjetas de recetas y los blocs de notas debe figurar de forma destacada su nombre, su sitio web y la portada del libro.

No te limites a las librerías. Busque tiendas de utensilios de cocina y tiendas gourmet que tengan su libro de cocina y que incluso estén dispuestas a hacer una demostración de cocina los sábados.

Pida a todos sus amigos que le ayuden a correr la voz suscribiéndose a listas de discusión relacionadas con la comida, organizando firmas de libros en sus librerías locales y escribiendo reseñas del libro.

Póngase en contacto con emisoras de radio y televisión para saber si buscan noticias edificantes o si puede aparecer en uno de sus programas.

Los libros de cocina de postres suelen asociarse a fiestas como Acción de Gracias, San Valentín, Navidad y cumpleaños. Tener un nuevo libro de cocina o ser un autor publicado localmente es noticia; sin embargo, ¿cómo puede mantener sus esfuerzos de marketing a lo largo del tiempo? Encuentre una forma de vincular sus recetas a eventos específicos.

Los libros de cocina de alimentos saludables son ideales para la primavera de enero (preparando la ropa de verano) e inmediatamente después de un nuevo estudio médico sobre los peligros del azúcar, la grasa, la carne, las alergias al trigo y la comida basura.

Envíe anuncios sobre su experiencia si quiere que los medios de comunicación locales, regionales y nacionales sigan cubriéndole. Incluya cualquier experiencia en ciencia de los alimentos y nutrición para aumentar su atractivo como experto.

Done su libro de cocina como premio o para una subasta benéfica. No sólo el afortunado ganador se enterará de quién es usted, sino también todos los demás lectores, oyentes y espectadores en las semanas previas al concurso o la subasta.

La persistencia es la clave para promocionar su libro de cocina. Pruebe todo lo que aparece en la lista anterior y repita el proceso. Comercializar su libro de cocina de forma eficaz es comparable a construir una bola de nieve. Comience con unas pocas ideas únicas, añada más cada día o semana y, antes de que se dé cuenta, tendrá una bola de nieve que le impulsará a usted y a su libro de cocina en el mundo.

CAPÍTULO 4: POR QUÉ ESCRIBIÓ SU LIBRO DE RECETAS?

La respuesta es crucial; es su motivación (su propósito o pasión). Cada autor tiene diversas motivaciones para escribir. Algunos autores están motivados por el simple deseo de entretener, mientras que otros se sienten obligados a relatar recuerdos de una época y un lugar que aprecian. Algunos desean modificar la conducta de otros (posiblemente enseñando al lector sobre salud, religión o política).

Un libro puede ser un instrumento indispensable para una carrera de consultor o conferenciante. Puede revelar una necesidad vitalicia de escribir poesía o producir una serie de ciencia ficción.

Algunas personas utilizan el proceso de (auto)publicación independiente como una prueba de mercado con la esperanza de atraer la atención de un productor cinematográfico o impresionar al editor de adquisiciones de una gran editorial. Sus razones pueden ser urgentes, o pueden tener el horizonte a largo plazo de lanzar una trilogía romántica o una serie de thrillers.

Algunos autores declaran abiertamente su deseo de obtener fama y dinero, pero otros valoran demasiado su intimidad y su tiempo como para dedicarse a actividades de promoción en la misma medida. Ninguna de las justificaciones es superior a las demás.

PLANIFICACIÓN DE LA MEZCLA DE MARKETING.

Si tienes un plan de marketing sencillo, estarás muy por delante de la mayoría de los escritores de autopromoción y de muchos profesionales del sector, porque tendrás una visión de conjunto clara y podrás centrarte en los aspectos en los que has decidido hacer hincapié. Y, lo que es más importante, habrás decidido qué no hacer y estarás contento con esa decisión.

He aquí un sabroso ejemplo de cómo crear una mezcla de marketing de éxito.

EL DELICIOSO SABOR DEL ÉXITO DEL MARKETING!

En 1981, dos mujeres de la zona rural de Ontario, Marilyn Wearring y Joan Bidinosti, querían diseñar y promocionar un producto, "el mejor libro posible". Realizamos un amplio estudio y consideramos cuidadosamente nuestras opciones", me aconsejó Joan. "Deseábamos crear un libro que nos gustara. Deseábamos estar orgullosos de él y esperábamos que otros lo disfrutaran. Ganar dinero no era una consideración".

Hicieron caso omiso del pensamiento común en la industria editorial y escribieron un libro sobre magdalenas. Muffins: A Cookbook (ISBN 0969134509) carecía de imágenes (otro no) y de tapa dura. En su lugar, elaboraron un libro compacto, portátil y con encuadernación en espiral.

Cada receta se probaba a fondo, sólo había una receta por página y el número de página aparecía de forma destacada en un tipo de letra enorme. Las instrucciones estaban numeradas y se describían de forma sencilla. La temperatura y el tiempo de cocción figuraban en primer lugar.

Los consejos de cocción se imprimían en una hoja de papel de colores insertada en el centro del libro; esto ayudaba a los cocineros a orientarse, ya que les permitía recordar si su plato favorito estaba antes o después del centro. Susan, la hija de Joan, dibujó extravagantes ilustraciones para la portada y el interior.

Sabían que el precio óptimo para un regalo era de 4,95 dólares y localizaron una imprenta que pudiera ajustarse a su presupuesto. Se imprimieron mil ejemplares, se escribieron algunas cartas a los medios de comunicación locales y las dos autoras llevaron los primeros ejemplares a una tienda de regalos y a una librería.

Marilyn vendió ejemplares de su libro a sus compañeros de la clase de gimnasia y de la pista de curling, que luego volvieron a comprar más ejemplares para sus conocidos. Al cabo de una semana, el telediario local emitió un breve segmento y el periódico publicó un artículo en primera página.

A partir de ese momento, los dos autores estaban en las fauces de un tigre. Durante la década siguiente, vendieron más de 200.000 ejemplares de Muffins: A Cookbook y 60.000 ejemplares de Salads: A Cookbook, la continuación.

En retrospectiva, Joan puede recordar decenas de eficaces campañas de marketing. Los escritores hicieron cientos de apariciones personales de venta en grandes almacenes, librerías, tiendas de regalos y exposiciones comerciales, siempre lanzando sabrosas muestras y vendiendo importantes volúmenes de libros.

Joan cree que el libro se vendía por el boca a boca de los amigos que disfrutaban de cada aspecto. Recibíamos bonitas cartas con nuestros pedidos por correo. En la última página del libro había una hoja con una dirección para obtener copias adicionales, con un descuento para pedidos de cinco o más.

¿Qué mezcla de marketing utilizaron Joan y Marilyn?

Tenían un objetivo definido, lo que les llevó a fabricar un producto tremendamente útil y simpático a un precio óptimo, a menudo en contra de los consejos de los expertos. Con esta sólida base, todas las promociones tuvieron éxito.

Joan comenta sobre su investigación preliminar: "Al trabajo duro le sigue la buena fortuna". Estos autores pudieron lograr resultados excepcionales prestando mucha atención a los componentes de su mezcla de marketing, producto y precio.

CAPÍTULO 5: CÓMO PUBLICITAR SU RECETARIO A TRAVÉS DE LA TRANSFERENCIA DE FIDELIDAD.

Nuestro John Locke del siglo XXI, no el filósofo británico, es el empresario convertido en novelista que vendió un millón de libros autopublicados en el Kindle de Amazon en sólo cinco meses, un récord mundial!

¿Cómo lo ha conseguido?

En su libro (disponible en Amazon, "How I Sold 1 Million eBooks in 5 Months!"), describe su experiencia con gran detalle. Su estrategia de marketing consta de dos palabras y acciones: "transferencia de lealtad".

Esto se consigue mediante: (1) vincularse a una figura pública destacada -alguien que realmente le guste y respete- y (2) publicar con entusiasmo sobre ella en su blog.

Eso es todo. Sí, insiste, eso es todo y sugiere que el contenido no sea demasiado extenso. Nadie tiene tiempo para disertaciones largas; 500 palabras deberían ser suficientes. Escribe a tu manera. Manténgase lo más cerca posible de la "voz" de su libro y retrate sus emociones con la mayor fuerza posible. Desea iniciar esta "transferencia de lealtad".

No olvides introducir algunos detalles sobre ti mismo. Esto es esencial, ya que quieres que los demás sepan qué tipo de persona eres. Deseas que la gente te perciba como el mayor fan de la "estrella" que estás homenajeando.

Que perteneces a "Ellos". O, como dice Locke: "OOU", que significa "Uno de nosotros".

Es necesario inspirar y desarrollar esta hermosa y agradable sensación de participación y de compartir.

A continuación, asegúrate de incluir un enlace al final de tu post que lleve directamente a tu libro. No ningún enlace en cualquier otra parte de la página de tu blog. No, debe colocarse cerca de la conclusión del post, para que sea fácil hacer clic.

Sin embargo, no has terminado. Ahora, debes descubrir dónde se reúnen todos los seguidores de la celebridad mencionada anteriormente y dirigirte a ellos inmediatamente.

Twitter es el medio más sencillo para ello. Por lo tanto, tuiteas sobre lo genial que es dicho famoso y les informas de que acabas de escribir un artículo en tu blog sobre él/ella. Envía este tuit a cien seguidores el primer día, luego a otros cien al día siguiente, etc., hasta llegar al final de la lista. Atención: no se trata de una afirmación genérica que cae en Twitterlandia. No, lo que se necesita aquí es un mensaje dirigido a individuos específicos con intereses compartidos.

A continuación, como individuo amable y versado en la etiqueta de Internet, supervisa los retweets y agradece a los retuiteros su retweet. Mientras tanto, observe sus ventas y vea cómo se disparan. En esta fase, ya has establecido amistades y puedes empezar a preguntar qué les parece tu libro.

Todo esto funciona mejor si dejas reposar tu artículo en el blog durante al menos un mes: ese es el tiempo que debe durar tu campaña en Twitter, y no puedes tener muchas entradas en el blog, ¡ya que confundirías a tus lectores!

De hecho, John Locke produce aproximadamente doce entradas al año. Sí, has leído bien: un post cada cuatro semanas, en lugar del estándar de dos cada semana de los bloggers habituales.

John Locke afirma que sus ventas, que habían estado estancadas durante muchos meses, se dispararon cuando implementó este diseño de blog. Sus entradas reciben comparativamente pocos comentarios, lo que constituye otra anomalía (no más de una docena, aproximadamente). Su hipótesis es que esto se debe a que las personas hacen clic en el enlace del libro y lo compran en lugar de dejar un comentario.

Calcula que tiene unos 100.000 admiradores "de base" que han comprado al menos uno de sus libros y responden por él. Están dispuestos a comprar todas sus novelas y cada una de las nuevas que se publican.

Todos ellos son sus queridos OOU ("uno de los nuestros", cierto). Son sus amigos y han pasado de Twitter a la correspondencia por correo electrónico. Se comunican con él. Todos ellos tienen un doble sentido de la lealtad: hacia la celebridad que John Locke escribió en su blog y hacia el propio John Locke. De ahí el fenómeno que él denomina "transferencia de lealtad": su lealtad se ha transferido de la estrella a él.

Inteligente, ¿no crees? Insiste en que no está "manipulando" a nadie. Se opone con vehemencia a esa idea. Cree que esto es lo que realmente siente por la celebridad mencionada. Lo único que puedo decir es que hay que creerle porque, en su caso, funcionó.

Supongamos que usted ha creado un libro de cocina o un directorio de vinos y quiere encontrar personas que disfruten del queso o del vino. Entonces este es el tema de su blog, que puede ser fácilmente compartido con otras personas que disfrutan del queso y el vino. Luego, una vez publicada la entrada de tu blog, buscas a estas personas en Twitter. No es necesario que sea una celebridad en particular; puede ser cualquiera.

¿Cómo? Twellow, vinculado a Twitter, incluye directorios de usuarios de Twitter organizados por más de 1.300 categorías, de modo que siempre puedes localizar a la persona que buscas. Luego, para difundir la noticia más allá de sus seguidores inmediatos, debes anteponer a las palabras clave los hashtags #.

También puedes aprovechar las tendencias diarias que anuncia Twitter y aportar tu voz a la tendencia, asegurándote de llegar a mucha más gente que sólo a tus seguidores.

El objetivo es dirigirse directamente a tu audiencia y expresar que compartes sus emociones. Sin embargo, siempre hay un pero. También implica que debes entender a tu audiencia. Debes tener claro a quién va dirigido tu libro. John Locke no tenía dudas sobre el tipo de individuo que leería sus novelas; estaba seguro de ello.

CAPÍTULO 6: CÓMO LOS AUTORES DE LIBROS DE COCINA PUEDEN CREAR UN FANTÁSTICO SEGMENTO DE COCINA PARA LA TELEVISIÓN.

Los autores de libros de cocina tienen ventaja sobre los autores típicos porque pueden utilizar las apariciones en televisión para aumentar las ventas de sus libros. Una de las estrategias de marketing más eficaces para que los libros de cocina obtengan esta exposición adicional es exhibir sus habilidades mediante la demostración de recetas y su capacidad en un programa de cocina televisado.

Muchas cosas pueden salir mal en una demostración de cocina en directo en el estudio. He aquí algunas sugerencias para garantizar que su segmento culinario sea excelente.

Lo primero y más importante es determinar de cuánto tiempo dispone para trabajar. Hay una diferencia significativa entre una sección de 2 12 minutos y una de 3 12 minutos. Mi recomendación es que planifiques un trozo de 2,5 minutos.

Coloca una cámara en tu cocina para poder grabar y cronometrar tu proceso de cocción. Piensa en lo que puedes hacer en ese tiempo y prepárate adecuadamente. Anticipe las interrupciones y prepárese para afrontarlas.

No hable en exceso durante el segmento. El presentador y el público esperan que les muestre cómo crear una determinada comida. Por tanto, baje la voz.

Recuerde que debe satisfacer a tres partes: el productor, el público y usted mismo. Los productores buscan una televisión convincente e interesante; tú eres el responsable de hacerla parecer fantástica.

El público desea adquirir conocimientos.

¿Cuál es su conclusión?

¿Qué medidas tomará para mejorar sus vidas?

Uno de sus objetivos es dirigir a la gente a su sitio web. Ofrezca un artículo gratuito, como un plato o un aperitivo, en su restaurante. Una vez registrado el artículo gratuito, utilice su dirección de correo electrónico para futuros esfuerzos de marketing.

Es esencial conocer de antemano las capacidades de la cocina del estudio. Algunas cocinas de estudio parecen atractivas en la televisión, pero puede que la cocina ni siquiera esté conectada. Lleve una versión cocinada de su comida que pueda exhibirse antes y una segunda versión para la demostración.

Suele ser prudente llevar muestras adicionales para el personal. ¡Nunca he visto que rechacen comida! Las porciones al aire libre, como la barbacoa, funcionan excepcionalmente bien en verano porque es lo que hacen los espectadores durante la temporada. Un segmento Tailgate es perfecto para el otoño.

He aquí algunos consejos útiles para un segmento de cocina exitoso:

- A la cámara le encanta la comida chisporroteante, burbujeante y flameante. Tenlo en cuenta a la hora de elegir el plato que vas a preparar. ¿Puede su comida ser cocinada y servida dentro del límite de tiempo? Si es necesario, pre-cocine la comida a medias para satisfacer el límite de tiempo.
- Proporcione al productor información sobre cualquier gráfico promocional en pantalla muchos días antes del rodaje.
- Elabore una lista de empaquetado con todo el equipo necesario para cocinar en el exterior. Revise la lista de empaque dos veces y empaque de manera eficiente. Llegue 45 minutos antes de la hora de emisión en el estudio. Traiga un carrito para trasladar su

equipo y suministros desde el coche hasta el estudio.

- La cámara adora el color, así que traiga objetos brillantes y un centro de mesa festivo.
- Al llegar al plató, asegúrese de que todos los quemadores están operativos.
- Esté preparado 15 minutos antes de la hora de emisión. Colóquese frente a la mesa de cocina y examine lo que captará la cámara. ¿Está alineado el mantel? ¿Están todas las etiquetas de los ingredientes en el exterior? ¿Están los ingredientes proporcionalmente equilibrados?
- Proporcione una lista de preguntas sugeridas al presentador. Esto ayudará al anfitrión a mantener la concentración, a no salirse del tema, y a evitar que usted reciba llamadas de atención.
- Utilice siempre el nombre propio del anfitrión. Sonríe y establece un contacto visual directo.
- Siga la corriente. Algunos presentadores harán preguntas irrelevantes o que distraigan, así que debes estar preparado para esta posibilidad.

Utilice un formador de medios cualificado para su segmento de cocina.

- Recomiendo a muchos de mis clientes que contraten a un preparador de medios profesional para que les prepare para su próxima aparición en la radio o la televisión.
- No espere que el estudio le proporcione un estilista. Debe tomar las precauciones necesarias antes de asegurarse de que aparece tan encantador como usted y de que su segmento es excepcional de principio a fin.
- Traiga todos los ingredientes, los utensilios de cocina y una versión terminada de su cocina. No espere hacer la comida durante el programa.
- Traiga alimentos preparados adicionales para los trabajadores. El camino más corto hacia su afecto es a través de sus estómagos. Cuando decidan volver a recurrir a ti, el coste de tus materiales merecerá la pena.
- Planifica todo el segmento de la A a la Z para facilitar el trabajo del productor. De este modo, le encantará y volverá a contratarle.

- No todo gira en torno a la comida. Sea divertido. Muestre su individualidad.
- Proporciona una copia de la receta e infórmales de que pueden publicarla en el sitio web de la emisora.

Pregunta con unos días de antelación si pueden elaborar un gráfico de "para más información" para el tercio inferior de la pantalla, en el que aparezca la URL de tu sitio web para que los espectadores puedan localizarte después de la presentación. Es una práctica bastante habitual, pero pueden olvidarse si no se lo recuerdas.

Incluya algo gratuito en sus páginas web, como sus cinco recetas bajas en calorías más solicitadas o una muestra del libro CAPÍTULO. Debes ser capaz de rentabilizar el valor de tu regalo.

Sólo puedes preparar ciertas cosas con antelación; algunas tareas deben realizarse en el estudio. Asegúrate de que todas las verduras y la carne sean frescas y tengan un aspecto apetitoso. Combínelos con especias previamente medidas en platos de cristal transparentes.

Con las cámaras de alta definición, los espectadores pueden ver cualquier cosa, desde las uñas que necesitan una manicura hasta las manchas de agua en la cristalería. Lo que puede estar bien en tu cocina puede no traducirse bien en la televisión, así que ten en cuenta tu aspecto en todo momento.

Cientos de nuevos comensales, ventas de libros y descargas de recetas serán el resultado de un segmento culinario fantástico. Con la planificación, la preparación y el esfuerzo adecuados, todo es posible. Contratar los servicios de un formador de medios y un experto en marketing y practicar repetidamente su demostración le garantizará el éxito.

Programas de cocina salvaje en televisión!

A modo de entretenimiento, si quieres ver cómo la falta de planificación puede llevar a la calamidad, deberías ver este vídeo que he descubierto. El primer problema surge porque el chef no previó que Kathie Lee y Hoda se enzarzarían en una gran conversación de distracción mientras él intentaba preparar la comida. No tenía ningún plan para hacer frente a la distracción.

Una comida fantástica y un gran segmento culinario en televisión no son fruto de la casualidad; todo es cuestión de preparación. Incluso si no tiene un libro de cocina pero su trabajo contiene referencias a la comida o un tema relacionado con ella, debería considerar la posibilidad de hacer un segmento de comida en televisión. Buena suerte!

CAPÍTULO 7: ¿CREAS TU LIBRO DE RECETAS POR PLACER O POR BENEFICIO?

Reunir todas las deliciosas recetas familiares transmitidas de generación en generación puede ser un logro agradable.

La creación de un libro de cocina es deseable por diferentes razones.

1. Transferir parte del patrimonio familiar a las generaciones futuras.

2. Proporcionar a sus hijos recién casados el sabor de la comida casera

3. Enseñar a sus hijos en edad universitaria a ser independientes y preparar la cocina con la que crecieron.

4. Como regalo para la familia y los amigos cercanos.

5. Compartir (y hacer alarde) de sus conocimientos y especialidades culinarias.

6. Es rentable.

Las cuatro primeras razones tienen un barniz sentimental y emocional. Tienen el deseo de compartirse con los seres queridos.

La quinta y sexta razones son más comprometidas. El humor y la emoción quedan relegados a un segundo plano (por así decirlo).

Estas razones exigen una investigación y una preparación que las cuatro anteriores no han establecido los pasos necesarios para publicar su obra.

Estos necesitarán que usted:

- Considere el nivel de exposición que desea que tenga su libro.

- Determine si su obra será autopublicada y promocionada.

- Busque editoriales a las que pueda presentar propuestas de libros.

Investigue el código de conducta del editor: ¿Promueven su marca en su nombre? ¿Son fiables sus procedimientos contables? Si te ofrecen un contrato, ¿hay recomendaciones de autores anteriores?

¿Se puede comunicar fácilmente con ellos o es difícil contactar con ellos?

Su editor o redactor debería ofrecer soluciones a las numerosas preguntas de los nuevos autores.

Considere la posibilidad de la impresión bajo demanda (POD).

Considere un formato digital, como un libro electrónico, como alternativa a la edición impresa convencional.

Considerar técnicas de marketing, como blogs, un sitio web, anuncios, publicidad, charlas, demostraciones de comida, entrevistas y firmas de libros en la carretera.

Cree un presupuesto viable y controle todos los gastos. Este bonito pasatiempo suyo se convierte en un negocio cuando se publica.

Hay varios factores que hay que tener en cuenta antes de publicar.

Si siempre has querido que se publique tu libro de cocina, ¡adelante! El deseo, la determinación y una piel gruesa influyen significativamente en la finalización de un trabajo. No dejes que los rechazos iniciales, la disminución de los apoyos y las peticiones de reescritura de los editores te mermen el ánimo. Pero familiarízate con cada área de procedimiento antes de dar cada paso y firmar cualquier cosa (como un contrato).

Lee, investiga y aprende mucho antes de publicar. Cuanto más consciente esté, más informada estará su selección.

CAPÍTULO 8: CÓMO PROMOCIONAR TU RECETARIO EN FACEBOOK.

Facebook permite a los autores conseguir seguidores interesados que ya los conocerán cuando se publique su próximo libro. Esto significa que deberías crear una página de Facebook inmediatamente, incluso si tu libro está pendiente de publicación o si todavía estás escribiendo. ¡Empecemos!

Cree una página e incluya información sobre usted y su libro en el apartado "Acerca de" y otras áreas. Mantén el tono del contenido cordial pero profesional. A continuación, busca en Facebook sugerencias para hacer tu página más atractiva. Crea una fotografía atractiva que promueva tu libro o su tema en lugar de seleccionar un entorno natural genérico como imagen de portada.

Examina las opciones para crear pestañas únicas en Facebook para promocionar tu boletín de noticias, dirigir a la gente a tu blog o cuenta de Pinterest y permitir a los seguidores ver las grabaciones de las presentaciones de los talleres, entre otras cosas. Puedes encontrar instrucciones para crear pestañas personalizadas en el área de ayuda de Facebook, o puedes contratar a un freelance por un módico precio para que diseñe una pestaña personalizada.

Debido al algoritmo de Facebook, ya no aparecerás en las noticias de tus seguidores a menos que les gusten o comenten constantemente tus publicaciones. Comprueba cuáles de tus publicaciones reciben más participación. Por lo general, las publicaciones con imágenes reciben mayor atención, así que siempre que sea posible, incorpora una imagen relevante.

Promoción cruzada: Inserta un enlace a tu sitio web para animar a los visitantes a promocionar blogs y sitios web con información útil en tu página de Facebook. Pregunta a tus seguidores de Facebook qué contenido adicional quieren ver en tu página y utiliza sus comentarios para desarrollar más contenido útil. Tus seguidores pueden incluso sugerir el tema o el argumento de tu próximo libro.

Deshazte de las publicaciones duplicadas en las redes sociales. Piensa en lo tedioso que será para la gente que te sigue en muchas plataformas si utilizas un servicio automatizado para publicar el mismo contenido en Facebook, Twitter y otros sitios web.

Estas personas probablemente dejarán de seguirle en uno o más sitios si encuentran constantemente la misma información. Sin embargo, tendrá más oportunidades publicitarias con estos seguidores si da suficiente variedad de material para persuadir a la gente de que le siga en muchas plataformas.

Aunque sólo emplees una serie de fotografías fijas con una voz en off, crea y publica vídeos. La mayor cantidad de seguidores se verá comprometida por una diversidad de tipos de publicaciones, ya que hay algo para todos. Publica textos, imágenes, vídeos y enlaces sobre diferentes áreas de interés para el público objetivo de tu libro.

Varíe el tema de sus publicaciones. Si has publicado un libro de cocina, amplía los consejos de planificación de fiestas para muchos días festivos. Si has escrito una novela o una biografía, elige un personaje del mes y comparte detalles sobre él.

Tómate dos o tres minutos para grabarte conversando con otro autor en tu próxima firma de libros. Si su libro trata sobre cómo convertirse en director general, pero usted teje jerséis para su perro como afición, incluya algunas imágenes de su mascota con su creación más reciente.

Organice un concurso. Ofrezca una tarjeta de regalo o un ejemplar firmado de su libro al ganador de un concurso de nombres de personajes o publique imágenes de su libro en lugares singulares.

Sigue a otros autores; te darán excelentes ideas sobre lo que puedes y debes hacer en tu página de Facebook.

Sé paciente con el desarrollo de tu página de Facebook; las ventas de libros no se producirán inmediatamente. Comprométete a cultivar una relación con tus seguidores, que a la larga se traducirá en un aumento de las ventas!

CAPÍTULO 9: CÓMO COMPONER UNA ESTRATEGIA DE MARKETING DE LIBROS.

Estoy seguro de que no te sorprende demasiado saber que, como autor autopublicado, tu trabajo no termina cuando las prensas empiezan a rodar. Parte del trabajo más crítico para que tu libro se venda COMIENZA AHORA MISMO (si no un poco antes).

¿Cuántas veces has oído a otros autores autopublicados lamentarse de sus bajas ventas? Demasiado a menudo, estoy seguro, y demasiado a menudo, una excelente organización y un enfoque inteligente podrían haber alterado esas historias.

Un plan de marketing sólido y sensato para tu libro es tan importante como la escritura, el diseño y la publicación en sí. Por muy bonito que sea su libro, no se venderá solo, y es muy poco probable que un autor novel (e incluso muchos autores veteranos) consiga que su libro salte de las estanterías de las librerías sin ayuda. Recuerde que tiene aproximadamente 8.000 competidores en la mayoría de las librerías.

Su estrategia de marketing debe describir las fuentes de ingresos que pretende obtener. Este documento debe explicar cómo va a lograr sus objetivos de ingresos o ventas y describir el mercado que prevé y cómo va a lograr sus objetivos de ventas.

Creación de un plan de marketing.

Todos son conscientes de que un libro no puede venderse solo, ¿verdad? ¿Verdad? Todo libro necesita un plan de marketing que establezca expectativas y objetivos alcanzables que puedan ser abordados de forma organizada. Sorprendentemente, muchos autores NO se dan cuenta de esto hasta que es demasiado tarde; por lo tanto, están insatisfechos con sus resultados de ventas.

Sin embargo, ¿cómo puede desarrollar una estrategia de marketing para su libro? Existe una gran cantidad de programas informáticos gratuitos y de pago que le ayudarán a crear un plan de marketing para vender su libro, pero antes de gastar tiempo y dinero instalando programas informáticos, abra su procesador de textos de confianza y sígame.

¿Quién comprará el libro?

La clave para aumentar el éxito de las ventas es dirigir su marketing con la mayor precisión posible a su lector potencial, que también debe ser accesible.

¡Todo el mundo deseará leer mi novela! Por desgracia, eso no funciona. Incluso las novelas más vendidas, que venden dos o tres millones de ejemplares al año, apenas llegan a un tres por ciento de la población lectora. El rendimiento de las ventas de su libro vendrá determinado por una imagen clara de quién está interesado en su libro.

Hay que distinguirlos: Haga una lista.

¿Qué grupos podrían encontrar su libro interesante?

¿Por qué deberían los lectores querer o necesitar su libro? (recuerde que es más probable que la gente compre algo que NECESITA que lo que DESEA).

¿Cómo defines el éxito de tu libro?

¿Cuál es su misión?

Algunos autores escriben para sus familias; no quieren que sus novelas se conviertan en bestsellers del mercado. Algunos autores escriben porque tienen un deseo muy específico de transmitir su narrativa.

Cada autor es único, así que debe determinar su definición de éxito. Algunos poseen una perspectiva distinta sobre temas muy especializados. Muchos aspiran a que su libro aparezca en la portada de Borders o Barnes & Noble. No queremos perseguir un objetivo que puede no alinearse con sus auténticas prioridades.

El marketing y la publicidad es un esfuerzo a largo plazo, persistente y deliberado; nunca se produce rápidamente, a pesar de lo que algunos puedan creer.

Crear un calendario y un presupuesto realistas.

Todos tenemos recursos limitados de tiempo, energía y dinero. El marketing puede consumir fácilmente los tres, dejándote solo, agotado y empobrecido. El objetivo es establecer un ritmo para ti y tus recursos para que la empresa siga avanzando.

Sin mirar el "panorama general", la mayoría de nosotros no tendríamos ni idea de qué parte de nuestros valiosos recursos debería asignarse a cada faceta de la organización del juego, y el establecimiento de prioridades es el aspecto más crítico del proceso. Es probable que revises y reescribas elementos de tu plan.

CAPÍTULO 10: DESARROLLAR UNA CAMPAÑA DE PROMOCIÓN DE LIBROS.

La publicidad es el factor escurridizo que puede hacer o matar un libro de forma diferente. La mayoría de los autores necesitarán cierto "reciclaje" para aprender a promocionarse a sí mismos y a sus libros (y muchos veteranos también).

La publicidad consiste en vender tu concepto (y a ti mismo). Sin embargo, la palabra "vender" suele evocar a los teleoperadores, a los vendedores de coches de segunda mano vestidos de poliéster y a las tácticas de venta agresivas que sólo consiguen alejar al público objetivo.

La verdadera "venta" consiste en establecer una profunda conexión con el lector o el crítico al que va dirigido, proporcionándole información única, relevante y satisfactoria sobre su libro. Se trata de establecer una relación mutua a la que se pueda volver con frecuencia. Se trata de generar la percepción de que usted es un EXPERTO en el tema de su libro.

Las buenas relaciones públicas son también publicidad frecuente y continua; no existe el éxito que se produce de la noche a la mañana. Recuerda que nunca sabes quién te está escuchando o leyendo: podría ser alguien que te lleve a más y mejores oportunidades.

He aquí algunas estrategias para establecer una sólida relación con los editores y reporteros que pueden proporcionar a tu libro la exposición a largo plazo que necesita para triunfar:

1) Se trata EXCLUSIVAMENTE de su público objetivo y muy poco de usted: Puede que usted sea inteligente, pero al editor sólo le preocupa su público. En realidad, si usted se muestra arrogante o demasiado seguro de sí mismo, el editor o el reportero se sentirá ciertamente desilusionado.

Aquí es donde fallan los comunicados de prensa "generales" que se distribuyen a miles de fuentes; a menudo se centran en el autor y, a menos que ya seas una marca conocida, ¿adivina qué? A nadie le importa

DEBE personalizar su comunicado para el público al que va dirigido, y debe ser original. Céntrese en los beneficios que puede aportar a su público. Piensa en la publicación o el programa al que te presentas; ¿qué ofrecen a su público y contribuye tu libro a sus objetivos?

Su presentación NO debe ser un anuncio de su libro; si coincide y contiene información útil, despertará el interés por el libro.

El objetivo de esta sección es demostrar a los editores, a los periodistas y a la audiencia que usted es un experto en su tema y que su libro contiene una gran cantidad de conocimientos valiosos, presentando parte de esta información en lugar de limitarse a afirmar que es un experto.

2) Concéntrese en su discurso: Sepa que los reporteros y editores tienen una gran necesidad de información, pero también tenga en cuenta que una de las formas más rápidas de ser rechazado es dirigirse a la persona equivocada: perderá el tiempo de ambos (y probablemente irritará al editor o al reportero).

Una vez que hayas encontrado a la persona ideal, pregunta por sus deseos. Presenta tu concepto sólo si encaja. Respeta su tiempo; en la profesión de los medios de comunicación, todo el mundo trabaja con plazos muy ajustados. Pregúntale si tiene una fecha límite y, si es así, si puedes volver a llamarle en un momento más conveniente.

Sé conciso, dulce y directo; ve al grano rápidamente. El público acabará deseando más información que el reportero o el editor, pero sea capaz de resumir su libro en 30 segundos o menos para el revisor. "Habla menos, escucha más": deja que el editor o el periodista dirija la conversación una vez que tengas su atención. Tendrán requisitos y preguntas precisas; por lo tanto, deje de hablar y proporcione respuestas detalladas.

3) Acérquese a periódicos y medios de comunicación de TODO tipo y clase: No tenga miedo de dirigirse a los "grandes" y no ignore a las empresas más pequeñas. Todos los medios de comunicación deben buscar activamente contenidos nuevos y originales para sus programas, publicaciones periódicas y periódicos.

Los medios de comunicación más grandes buscan constantemente un reportaje desconocido. Esto es así para los que necesitan llenar huecos a diario. Siempre buscan a alguien que pueda ofrecer conocimientos sobre temas y tendencias intrigantes e interesantes.

Las revistas y los medios de comunicación más pequeños suelen tener un público muy específico e influyente; nunca se sabe quién puede estar leyendo o escuchando sus contenidos. Además, las publicaciones periódicas más pequeñas pueden servir de "puerta de entrada" a las más grandes.

Casi todos los tamaños de publicación merecen su esfuerzo publicitario. Sus posibilidades de ser publicado en las publicaciones más pequeñas suelen ser mayores que en las más grandes, así que asigne su tiempo y energía en consecuencia.

4) Trate siempre a sus contactos con respeto y cortesía: Sí, estás muy ocupado; puede que estés incluso más ocupado que el publicista o el productor con el que intentas contactar, pero necesitas su ayuda. Reconocer que están muy ocupados te ayuda a centrarte en hacerles llegar tus documentos con rapidez. Nunca, jamás, envíes tarde los documentos para una reseña o entrevista.

5) Entienda que la publicidad no es un esfuerzo "de una sola vez": se trata de un conocimiento prolongado y persistente del producto. Según un estudio de marketing, un comprador debe ver su nombre unas siete veces antes de recordarlo. Intente espaciar un poco sus entrevistas y evaluaciones: la frecuencia y la coherencia son esenciales.

Incluso las líneas de productos más exitosas del mundo (pensemos en Nike y McDonald's) siguen gastando millones de dólares al año en iniciativas de concienciación del producto. Rara vez alguien es un "éxito de la noche a la mañana"; incluso los autores más populares pasaron años cultivando su reputación.

Siga estas cinco etapas a la hora de ejecutar campañas de relaciones públicas y su nivel de éxito será muy superior al de aquellos que han ignorado o nunca han entendido estos fundamentos.

CAPÍTULO 11: FORMAS DE MANTENER LA COBERTURA INFORMATIVA DE SU RECETARIO.

Las editoriales están dispuestas a comercializar los libros de no ficción cuando se publican, pero rara vez hacen mucho después del lanzamiento para mantenerlos en las noticias, a pesar de que la mayoría de los libros de no ficción necesitan una atención mediática continua.

A continuación se presentan algunos métodos sencillos para generar publicidad continua para su título. Utilice una combinación de estas estrategias para construir un plan de publicidad de 12 meses que dé el apoyo necesario a su libro.

Transforme las recomendaciones de CAPÍTULO en una hoja de consejos mensual. Una hoja de consejos puede definirse como un comunicado de prensa que ofrece sugerencias o consejos con viñetas o numerados.

Comienza tu hoja de consejos con una parte introductoria que describa la importancia de las sugerencias que ofreces, luego enumera tus consejos con viñetas y concluye con un párrafo final. Envíala a los medios de comunicación pertinentes; la lista de destinatarios dependerá de tu tema.

Ponte en contacto con los medios de comunicación rápidamente para compartir tu perspectiva profesional cuando tu tema genere titulares. La mayoría de los medios de comunicación locales lo cubrirán cuando se trate de una noticia nacional y usted aporte un aspecto regional. Si ha realizado suficientes entrevistas para prepararse para el gran momento, también debería dirigirse a los medios de comunicación nacionales.

Incluya a los medios de comunicación en la lista de distribución de su boletín. El mismo consejo o información útil que proporciona a los suscriptores en su boletín impreso o electrónico puede interesar también a los periodistas que cubren el mismo tema. Hace muchos años, recibí un contrato para un libro gracias a la exposición generada por la inclusión de los medios de comunicación en la lista de distribución de mi boletín.

Reutilice el contenido de su libro en artículos de revistas especializadas. Asegúrate de que el crédito del autor después del artículo menciona el título de tu libro. Dependiendo de las condiciones de su acuerdo de publicación, puede que tenga que reescribir el contenido para hacerlo "fresco".

Aproveche los meses y días festivos, semanas y días especiales enviando un comunicado de prensa con información relevante y de interés periodístico o poniéndose en contacto con los medios de comunicación para ofrecer sus servicios como fuente de información autorizada.

Por ejemplo, muchos periódicos publican artículos en diciembre en los que describen cómo las fiestas son especialmente duras para las personas que están de duelo o se acercan al aniversario de una pérdida. Esto ofrece al autor de un libro sobre el duelo y la pérdida muchas posibilidades de entrevistas de costa a costa, pero sólo si el autor busca la prensa.

Póngase en contacto con el director de relaciones públicas de la asociación de su sector para ofrecerse a conceder entrevistas a los medios de comunicación. Los escritores suelen ponerse en contacto con los profesionales de las relaciones públicas de las asociaciones en busca de miembros con una habilidad concreta. Asegúrese de que su asociación conoce sus credenciales y las áreas en las que puede destacar, y recibirá llamadas de referencia.

Realice una encuesta significativa y de interés periodístico sobre su tema y revele los resultados en un comunicado de prensa intrigante. El autor de un libro de cocina cuyo objetivo es hacer que la cocina sea simple y sencilla, por ejemplo, puede realizar una encuesta sobre por qué la gente no cocina más y distribuir los resultados a los editores de alimentos de los periódicos y a las revistas culinarias en un comunicado de prensa. Incluya en el comunicado de prensa la relación de su libro con el tema de la encuesta.

Organice un "Concurso del peor regalo de un hombre" para promocionar mi libro de humor sobre los hombres. Patrocine un concurso para atraer la atención y divulgue los resultados en un comunicado de prensa. El comunicado de prensa resultante generó una amplia cobertura en los medios de comunicación, incluida una aparición en un programa de entrevistas de la televisión nacional por cable.

Indique al publicista de su editorial que esté continuamente pendiente de ProfNet en busca de consultas de periodistas sobre su tema. También puede suscribirse a ProfNet a través de su distribuidor de PR Leads y responder a las consultas pertinentes. La suscripción a PRLeads.com cuesta 99 dólares al mes.

Supervisa los foros de escritores para ver si hay solicitudes de fuentes. Los miembros envían habitualmente solicitudes de fuentes para entrevistas en el foro de revistas y periódicos.

Informe a los medios de comunicación cuando vaya a estar en su mercado. A los reporteros les encanta entrevistar a especialistas de fuera de la ciudad, así que si vas a estar en otra ciudad por cualquier motivo, ponte en contacto con el personal de los medios de comunicación adecuados con dos semanas de antelación para sugerirles ideas de artículos que puedan construir a partir de una entrevista en persona contigo. Envíe un comunicado de prensa de anuncio con muchas semanas de antelación y ofrézcase a realizar una entrevista telefónica previa al evento si está en la ciudad para hablar.

Convierta sus mejores consejos en un folleto gratuito. Cree y difunda un comunicado de prensa en el que se describa el folleto y cómo se puede conseguir un ejemplar gratuito; asegúrese de que tanto el folleto como el comunicado de prensa contienen información sobre su libro.

La creación de publicidad continua requiere esfuerzo, pero no es una ciencia espacial. Invierta tiempo para poder aumentar los ingresos y contribuir a su plataforma de autor. Cosechará los beneficios a final de año.

CAPÍTULO 12: ESTABLECER EVENTOS DE AUTORES Y FIRMAS DE LIBROS PARA MAXIMIZAR LA PUBLICIDAD DEL LIBRO.

Todos hemos albergado alguna vez la idea de que nuestros libros son de vital importancia para los lectores y que nuestra brillantez es inmediatamente evidente sin necesidad de publicidad o autopromoción. Esto es cierto para algunos de los autores más famosos, pero las editoriales siguen gastando millones de dólares en promocionar incluso las obras de los mejores autores.

Que tu libro sea reconocido como la obra de alta calidad que es y que se vendan algunos ejemplares, como resultado, depende TOTALMENTE de que se dé a conocer tanto a ti como autor como a tu libro.

Una de las duras realidades de la autopublicación es que los autores deben establecer minuciosamente un mercado para sus libros, a pesar de carecer de los presupuestos multimillonarios de las editoriales tradicionales.

Los eventos para autores son la principal forma de que los autores autopublicados se encuentren con el público y pueden ser su billete para conseguir mayores ventas y publicidad, todo ello gracias a su librería local. Este CAPÍTULO le servirá de introducción a la planificación y organización de eventos de autor y firmas de libros con éxito.

Siga los métodos indicados a continuación para programar eventos más eficaces (y agradables), vender más libros y conectar con más lectores que nunca.

1. Realizar una investigación sobre los lugares de destino.

Recuerde que a veces (de hecho, la mayoría de las veces), el mejor lugar para vender libros NO ES una librería. ¿Venta de artesanía?

¿Qué hay de las tiendas de artesanía y telas?

¿Y una tienda de productos gastronómicos de la zona?

¿Se trata de un libro de finanzas o de negocios?

¿Hay algún seminario local que pueda aprovechar?

¿O le gusta la ficción histórica?

¿Qué tal las funciones de su sociedad histórica local?

Cada librería tiene éxito gracias a su enfoque, su clientela y su "ambiente" únicos. Estas características vienen definidas por la ubicación del negocio, el enfoque del inventario, la personalidad de la dirección y su equipo, y el estilo y el entorno de la tienda, y determinan los productos que se venden en ella.

Asegúrese de que todos estos elementos promueven su tema y su libro. Por ejemplo, una tienda dirigida a los niños no sería el mejor lugar para promocionar su último libro sobre estrategias de inversión.

Empiece localmente antes de expandirse globalmente. Tendrá más éxito en las situaciones en las que tenga más posibilidades de ser reconocido.

Cada sitio que descubra tendrá oportunidades y requisitos de presentación únicos. Asegúrese de conocer la ubicación de los eventos de autor dentro del establecimiento y el espacio disponible para su presentación.

Averigüe quién es el responsable de programar los eventos para autores y conózcalo; inscríbase en su lista de correo de eventos para descubrir lo que el negocio ofrece regularmente a sus consumidores.

Pregúnteles qué desean en un escritor. Haz coincidir sus requisitos y deseos con tu oferta y evita perder el tiempo de los demás forzando tu libro para que se adapte a su entorno.

2. Solicite un evento con la máxima profesionalidad.

Es casi hilarante la cantidad de autores que asumen que se merecen un trato de realeza por el simple hecho de escribir. Usted depende de los directores de las tiendas mucho más de lo que ellos dependen de usted. Mantén el autocontrol y pregúntales si puedes presentar tu idea para un evento de autores y solicita su opinión.

Si están interesados en su éxito, estarán mucho más dispuestos a quererle en su tienda. Esto no implica que debas obligarles a realizar tus tareas, pero debes aprovechar su experiencia y conocimientos para garantizar el éxito de tu evento (probablemente conozcan a sus clientes mejor que tú).

Elabore un kit de prensa profesional que contenga un comunicado de prensa, reseñas, artículos sobre el tema que apoyen el libro (tanto propios como de otras fuentes), una impresión de su portada, un póster, tarjetas postales, un perfil del autor, una foto del autor, información de marketing y un calendario de futuros eventos.

Envía este enorme paquete de regalos a la persona adecuada de la tienda; deberías haber conseguido el nombre de esta persona en todo el paso de investigación. No envíes un kit de prensa a una dirección genérica; te prometo que habría sido mejor no enviar nada en absoluto.

3 - Ayudar a impulsar la asistencia (y la venta de libros)

Como ya se ha dicho, el objetivo de un evento de autor es vender libros y aumentar la asistencia a la librería. Los eventos de autores sólo proporcionan un propósito a la tienda: atraer más clientes y animarles a gastar dinero. No hay ningún beneficio público. Hazle saber al director y al organizador de los eventos qué puedes hacer para atraer clientes a la tienda.

Hay muchas maneras de ayudar a la tienda a aumentar la asistencia a su evento:

- Proporcione a la tienda una lista de correo a la que puedan enviar su boletín de noticias anunciando su evento.

- Ofrézcales enviar por correo postal o electrónico información sobre su firma a SU lista o suministrarles materiales que puedan enviar a SU lista (es posible que no quieran que usted tenga acceso completo a su lista de clientes, ya que esto podría infringir algunas normas de privacidad/spam).

4 - Envíe un comunicado de prensa publicitando su evento a los periódicos locales, emisoras de radio, etc., para fomentar la cobertura mediática. Pregunte al responsable de la tienda qué publicidad prefiere y cuál funciona mejor para su establecimiento.

- Ponte en contacto con el periódico local una semana antes de tu evento y solicita que envíen a un redactor o camarógrafo para que lo cubra.

El objetivo es coordinar y colaborar; combinar tus esfuerzos con los de la tienda superará el doble de tus resultados.

5 - Cree una atractiva actuación o presentación personalizada para cada tienda que visite.

No basta con sentarse en una mesa y esperar que su firma genere interés y venda libros. Es poco probable que conversar con los posibles lectores suscite interés en el mundo multimedia, multimodal y multimensaje de hoy en día.

No se limite a solicitar una firma; considere qué más puede hacer para atraer clientes a su tienda.

¿Hay alguna conexión que pueda aprovechar para generar interés en su libro?

¿Qué acontecimientos contemporáneos hacen que su novela sea oportuna?

Tenga un libro de cocina. Sea extremadamente inventivo; piense de forma innovadora. Traiga comida preparada y haga una demostración de cómo crear uno de sus platos; ¿tiene una obra de ficción?

Vístase como un personaje y realice una lectura o represente una de las escenas; dirija un "seminario"; ofrezca consejos; haga lo que sea necesario para atraer a nuevas personas a la tienda. No es suficiente con aprovechar el tráfico existente; hacerlo no hace que el propietario de la tienda invierta más en tu éxito, y la mayoría de esos clientes no están allí para comprar tu libro.

Recuerde las particularidades de la venta de libros.

Un aumento del 50 al 75% en las ventas de libros en eventos puede atribuirse a una mayor publicidad. No olvide las minucias del inventario y de la venta de libros; recuerde que el conocimiento del autor es tan importante como la venta de libros. Recuerde lo siguiente:

Ayude al minorista a conseguir una oferta justa para almacenar de 10 a 30 unidades y asegúrese de que estén disponibles antes de su evento.

Ofrezca más unidades con un descuento considerable, si le compran a usted directamente y traslade el ahorro al consumidor.

La consignación debe considerarse un último recurso.

Asegúrese de que entiende la política de almacenamiento de eventos de autor de la tienda.

> ¿Traerán inventario adicional para el periodo de promoción de su evento?

> ¿Se quedan con los extras después del evento? (no se sorprenda si sólo conservan un par. Espere algunas devoluciones)

> ¿Cuánto tiempo tendrán en stock?

➤ Pregunta al responsable de la tienda si puedes firmar los ejemplares restantes del libro.

6 - Combinar las oportunidades de devolución de llamada o lateral.

¿Puede programar una segunda aparición durante su estancia? Es una posibilidad remota, pero suele merecer la pena intentarlo. (Sin embargo, no promocione su "futura aparición" durante su evento actual, ya que esto puede desanimar a la gente a comprar su libro). ¿Dispone la tienda de varios locales en los que se puedan celebrar eventos adicionales?

Obtenga los nombres de los asistentes haciéndoles rellenar tarjetas para recibir su boletín informativo (tiene uno, ¿correcto?).

7 - Seguimiento posterior al evento.

- Enviar una palabra de agradecimiento a la tienda

- Solicitar su respuesta

- Ofrézcase a planificar otro evento (aunque es poco probable) o a participar en el que la tienda pueda apoyar o en el que participe (un evento comunitario o incluso otro evento de autor)

- Mantén el contacto con los empleados clave de la tienda visitándola una vez al mes aproximadamente (preferiblemente) o llamando o enviando un correo electrónico.

- Envía una nota de agradecimiento al director de distrito de la tienda o a la sede corporativa en relación con el evento.

Nunca subestime el impacto de la asistencia de un autor; la mayoría de los minoristas necesitan eventos que puedan atraer a más clientes. Intente programar las reuniones en los fines de semana, pero recuerde que las noches de la semana son ideales para muchos temas. Céntrese en lo que ayuda a que la gente entre en la tienda, y tendrá más éxito que promoviendo un evento que simplemente atraiga el tráfico existente.

Determine con cuidado dónde va a prospectar los eventos, asegurándose de que lo que ofrece (y el tema de su libro) se ajusta a las demandas de la tienda. Siempre es más fácil empezar a nivel local e ir hacia fuera en círculos radiales; esto aumenta la probabilidad de que los trabajadores de la tienda hayan oído hablar de usted por otras fuentes.

Siga estos pasos y se encontrará reservando y ejecutando más eventos con mayor éxito, lo que aumentará su demanda para futuros eventos.

En resumen:

1. Investiga, investiga y más investiga: no gastes tu tiempo en tiendas que no son una buena opción simplemente porque te dejan entrar.

2. Desarrolle un "EVENTO" intrigante La gente estará más interesada en usted y en su libro si les entretiene o informa durante su presentación (también lo hará el gerente de la tienda). No espere sentarse, conversar y vender libros simplemente.

3. Sé completamente profesional; dales toda la información que puedan desear sobre ti, tu libro y por qué debería importarles.

4. Recoge testimonios y resúmenes de todas las fuentes posibles.

5. Demuestre lo que puede hacer por su negocio. Presente sugerencias para aumentar el tráfico a su local.

6. Vincule las oportunidades paralelas

7. No pase por alto los aspectos específicos de la venta de libros.

Haga que todo el mundo se alegre de su presencia.

Una lista de comprobación inadecuada para la planificación de eventos:

1. Realice una investigación e identifique los minoristas objetivo.

2. 2. Elaborar el material promocional.

3. Contacte con los responsables de las tiendas en persona o por teléfono y haga un seguimiento con materiales; recuerde tener a mano su ISBN, ya que es la forma más eficaz de que busquen su producto.

4. Consigue toda la información de la tienda en una sola hoja, incluyendo la dirección, el número de teléfono, el nombre y la línea directa del gerente, el coordinador del evento (si lo hay) y todos los correos electrónicos que necesites y contacta con su sede corporativa o con un gerente de distrito si es posible.

5. Prepárate para llevar lo siguiente:

a. Dos carteles - pegados o adheridos a un soporte resistente para que se mantengan en pie - si no eres mañoso y no puedes hacerlo de la manera más profesional posible, ve a una tienda de manualidades o de marcos y haz que lo hagan por ti.

b. Las tarjetas postales describen tu libro para su distribución.

c. Marcadores de libros - se debe colocar uno en cada libro de la tienda (y dejarlos allí incluso después de salir)

d. Biografía del autor con fotografía en un marco de plástico.

e. Un caballete para exponer uno de sus carteles.

6. Solicite al negocio que disponga de ejemplares de su libro y marcapáginas en la caja registradora.

7. Proponga emitir un comunicado de prensa o hacer una declaración sobre la firma en la tienda.

8. Lleve caballetes para exponer tres o cuatro libros o alquílelos en la tienda.

9. No te sientes detrás de tu mesa en la tienda; ¡únete a la multitud!

10. 10. ¡Sé feliz! Estás ahí para compartir algo único con el público, y el público está ahí para apoyarte y escuchar tus ideas. Recuerda que han acudido voluntariamente a tu evento. ¡Desean estar presentes!

11. Inserta un marcador o tarjeta en cada ejemplar de tu libro en la tienda.

12. Entregue un libro a tantas personas como sea posible e invítelas a hojearlo, llévelo a una mesa y léalo o incluso muéstreles su parte favorita. El simple hecho de que toquen el libro mejorará drásticamente las ventas.

13. Coloca en tu mesa publicaciones interesantes (sobre tu tema, por supuesto) para suscitar la conversación.

14. Haz que un amigo o un empleado de la tienda te fotografíe "en acción" en tu mesa. Una en

pose, otra sincera y otra con el director de la tienda y/o el organizador del evento; entréguela a la tienda con su mensaje de agradecimiento (¿quizás podría recomendarles que empiecen a exponer fotos de firmas de autores en la tienda?)

Nada puede garantizar el éxito de la firma de libros, pero la falta de preparación sí. Siga estas instrucciones y sugerencias, y su próximo evento será un éxito.

CAPÍTULO 13: ¿DEBE CONSIDERAR LA VENTA DE SU LIBRO DE RECETAS EN LAS LIBRERÍAS?

¿Con qué frecuencia sus sueños de que los lectores descubran su obra implican descubrirla en una librería "de ladrillo"? Probablemente, la mayoría de las veces. Esta ilusión lleva a demasiados autores a entrar en el bucle de rechazo autor-agente-editor, y rara vez vende un número considerable de libros.

La dura realidad de las ventas en las librerías es que son muchos más los libros que fracasan que los que tienen éxito como resultado de las librerías. Considere lo siguiente:

En muchas categorías, las tasas de devolución se acercan al 70%, lo que significa que las librerías devuelven siete de cada diez libros que compran. Usted, el autor, soporta el mayor peso de las devoluciones. El editor tiene otras publicaciones en las que puede confiar; sin embargo, su fantasía se ha visto truncada.

Las librerías rara vez adquieren ejemplares historia por historia y normalmente sólo almacenan volúmenes con presupuestos de marketing considerables. A no ser que pueda permitirse una campaña de marketing multimillonaria, es improbable que su libro se exponga allí donde un comprador potencial pueda encontrarlo (y mucho menos en la entrada de la tienda).

Los eventos de firma de autores suelen traducirse en la venta de siete libros: toda la planificación, el tiempo y las llamadas a las tiendas para organizar los eventos se traducen en la venta de siete libros.

Las librerías pueden tardar hasta 90 días en pagar tus libros y reducir la cantidad que te deben, y a menudo devolverán cualquier inventario no vendido DENTRO de los 90 días.

Por lo general, las tiendas minoristas aplican descuentos considerables (pero también lo hacen los minoristas en línea en muchos casos).

El cliente típico de las tiendas minoristas está ojeando, no es un comprador de destino (la mayoría de los lectores que saben lo que quieren van a sitios minoristas en línea). Un lector que busca libros puede ser un cliente EXCELENTE. Aun así, cuando usted está en un estante entre todos los demás libros de su categoría, su competencia tiene las mismas posibilidades de ser comprada que usted, y si está en un estante junto a un autor conocido, la mayoría de los clientes pasarán por alto su libro en favor del conocido.

Ahora que ya ha escuchado todas las "maravillosas" noticias, aquí hay algo interesante:

Más del cincuenta por ciento de los libros del sector editorial se venden a través de canales ajenos a las librerías.

Esto indica que se venden más libros fuera de las librerías. Es probable que su libro encuentre el mayor éxito a través de estos canales, y las ventas en línea, impulsadas por una estrategia de marketing dirigida, exitosa y completa, serán la base del éxito de su libro.

Cuando tienen delante el "huevo de oro" de la autopublicación y la autopromoción, los autores pierden mucho tiempo y dinero persiguiendo lo inverosímil. Mi opinión es que yo vendería mis libros en todas partes menos en una librería tradicional.

Utilizar las herramientas que han hecho de Internet la formidable fuerza que es hoy en día generará unas ventas que nunca creíste posibles. El marketing de búsqueda, los blogs, los boletines de noticias, las campañas de correo electrónico, los sitios web y las apariciones personales (sí, el toque humano sigue siendo importante en la venta de libros) son herramientas modernas para generar excelentes ventas de libros.

CAPÍTULO 14: MEJORAR LA ESTRATEGIA DE MARKETING DE SU RECETARIO.

No necesita un libro lleno de jerga y palabras de moda para promocionar su libro con éxito, pero necesita un plan de marketing. Para la mayoría de los autores, e incluso para muchas grandes editoriales, los resultados de un plan de marketing serán bastante poco impresionantes. Hay innumerables formas en las que un plan de marketing puede salir mal, así que a continuación he descrito algunas de las más típicas y esenciales; quizás, esto te ayude a evitarlas!

Errores comunes en la estrategia de marketing:

No ha dado en el clavo.

Con frecuencia, el plan de marketing de un libro se diseña para apelar al ego del autor, a su cónyuge o a una noción preconcebida de lo que debe ser un "plan de marketing de libros", en lugar de al lector, el consumidor final del libro.

Piense en dónde pasa su tiempo el público al que se dirige y cómo es probable que busque su libro. Lo que le atrae a usted (o a cualquiera que ya conozca su libro) no tiene por qué atraer a un lector que no esté familiarizado con él.

Recuerde que, para que su estrategia de marketing sea eficaz, debe hacer hincapié en los elementos más importantes para el consumidor final, no en lo magnífico que es usted como autor ni en lo increíble que es su libro; céntrese en lo que sabe que su lector necesita más.
Pierde el foco.

Si la palabra "todo el mundo" aparece en algún lugar de su plan de marketing o incluso se le pasa por la cabeza mientras lo redacta, es probable que haya perdido el norte. Como ocurre con la mayoría de los esfuerzos en la vida, intentar conseguir o ser "todo" es una receta casi segura para el fracaso.

El éxito del marketing radica en la focalización y la comprensión de las razones particulares por las que la gente comprará su producto y en el desarrollo de estrategias para llegar a los que están más interesados en su mensaje.

Dirigirse a un segmento especializado de un mercado (lo que se conoce como "marketing de nicho") y vincular sus acciones de marketing ("Planes" y "Acciones" del mes pasado, ¿recuerda?) a estos segmentos de nicho garantizará mucho más éxito que un enfoque amplio, ambiguo y "de escopeta".

Las grandes empresas pueden gastar decenas de miles de dólares en un marketing amplio y generalizado porque necesitan grandes volúmenes de negocio para tener éxito. Lo más probable es que usted carezca de estos recursos y deba competir de forma inteligente; el marketing de nicho le permite establecer una posición de mercado sólida en comparación con sus competidores.

Te consideraba sobrehumano.

Además de ser "todo para todos", "hacer todo todo el tiempo" es una forma segura de arruinarse y agotarse. No dejes que tu plan de marketing se convierta en un mamotreto: cuatro tareas efectivas, específicas y realizables son significativamente superiores a cuarenta tareas, de las cuales 39 nunca las completarás o tendrás los fondos para hacerlas.

Sea extremadamente honesto sobre la cantidad de tiempo, dinero y energía que puede dedicar a la comercialización de su libro. A continuación, una vez completado su plan, elimine la mitad de los objetivos y añada dos acciones más a cada plan.

Recuerde que su estrategia de marketing es un documento "vivo"; para que tenga éxito, debe ponerse en práctica, y para que usted pueda hacer algo, sus planes deben ser viables.

Ha descuidado la creación de un plan de marketing.

Cada día debe contener una tarea relacionada con el marketing que requiera su atención, y debe tomar notas o marcar casillas al menos una vez a la semana.

La gran mayoría de los planes de marketing fracasan por estar redactados y abandonados.

NO LO PIERDAS DE VISTA En su calendario de escritorio o lista de tareas pendientes, en su agenda, en Outlook Express, envíese recordatorios por correo electrónico, pero debería tomar medidas casi todos los días. Pon tus actividades en un calendario de bolsillo y llévalo contigo: ésta es la verdadera definición de "esfuerzo concertado". Debe convertirse en una segunda naturaleza, un modo de pensar.

Hazlo de forma imprecisa y repleta de palabras de moda como "cambio de paradigma" (que es probablemente la razón por la que lo has olvidado arriba).

Además de ser agresivo, tus objetivos deben ser concretos. "Vender 5.000 ejemplares en un año" es un objetivo elevado, pero puedes ampliarlo. "Ser un bestseller en un año" es grande sin importancia. "Crear un cambio en las actitudes hacia los hongos de las uñas de los pies" tampoco es efectivo; no hay nada.

Normalmente, es difícil establecer un plan de marketing con objetivos alcanzables; sin embargo, si los objetivos son demasiado poco claros, nunca podrá generar "Acciones" que los respalden. Si no puede establecer "Acciones" que respalden sus Objetivos, probablemente esté desviado de algún modo.

No lo hizo cuantificable.

Para que su plan de marketing tenga éxito, debe existir un mecanismo para supervisar su progreso y las tareas completadas, establecer seguimientos y alcanzar los objetivos. Debe ser capaz de supervisar su progreso, incluso si es tan simple como marcar los elementos de las tareas pendientes.

Su plan de marketing tiene éxito de abajo a arriba, no de arriba a abajo. Esto significa que al completar las pequeñas tareas en la parte inferior de su lista de "Acciones", empezará a alcanzar los objetivos más grandes más arriba en la cadena alimentaria. Estas son las consideraciones diarias que hay que hacer.

Pensó que nunca la alteraría (o se resiste a cambiarla)

Debe actualizar, modificar y alterar las "Acciones" con más regularidad que las "Metas y Objetivos". Las estrategias de marketing están vivas y deben modificarse a medida que cambian las condiciones del mercado, se introducen nuevas ideas o se demuestra que los viejos conceptos son poco prácticos o ineficaces. Busque siempre ideas mejores, pero impleméntelas desde la base.

Sin embargo, no continúe con un curso de acción simplemente porque lo ha escrito; déle a todo una oportunidad de éxito pero abandónelo si siente que está haciendo girar las ruedas. Sustituya la parte objetable de su idea por algo nuevo e innovador.

Y por último, pero no por ello menos importante.

Considera que sólo debes utilizar tus conceptos

¿Qué fue eso? Nada es novedoso, y todo lo disponible puede ser modificado para adaptarse a sus necesidades. Lee todos los libros, boletines, foros y sitios web disponibles y saca inspiración de donde sea. Las ideas pueden venir de cualquier dirección: sea receptivo!

CAPÍTULO 15: MÁS ALLÁ DE LA LETRA DEL LIBRO.

La verdad es que desarrollar e imprimir libros de calidad es caro y requiere múltiples reimpresiones para ser viable. Por ello, la mayor parte de los ingresos de un autor no proceden de la venta del libro, sino de las oportunidades que éste ofrece.

Como autor, un libro proporciona credibilidad instantánea y abre puertas a flujos de ingresos antes inalcanzables. Para los autores de no ficción, el libro suele ser una extensión de su empresa o experiencia.

Es una herramienta de marketing que demuestra su concepto y su enfoque distintivo a posibles clientes, medios de comunicación y charlas. Un libro revela la capacidad del autor para observar y recrear el mundo y crea puertas para enseñar, hablar y educar a otros autores.

Este es un ejemplo de las muchas maneras en que un autor puede ganar dinero:

1. Ponencias: Los autores están muy solicitados como ponentes en seminarios, conferencias y actos benéficos. Los compromisos como conferenciantes son también excelentes posibilidades para las ventas en la trastienda, que a menudo proporcionan un mejor rendimiento que los puntos de venta.

2. Enseñanza: Los autores a menudo enseñan sus temas en talleres, conferencias, universidades, clases de educación continua, en línea y otros lugares.

3. Los libros pueden transformarse en ayudantes del profesor, cuadernos de trabajo, folletos, libros electrónicos, etc.

4. Mercancía y productos derivados: Las camisetas, los pósters, los DVD y otras mercancías basadas en el libro o relacionadas con él proporcionan fuentes de ingresos adicionales.

5. Endosos/empaquetado: A cambio de una comisión, los puntos de venta como Open Sky permiten a los escritores empaquetar y/o promocionar sus libros con productos relacionados.

¿Su protagonista es un apasionado del café?

Mientras promocionas tu libro, vende café, tazas de café y otros artículos relacionados. Consigue una tienda culinaria en la que vendas el equipo necesario para preparar las recetas de tu libro.

6. Artículos: Un libro proporciona la legitimidad necesaria para escribir y publicar artículos sobre el tema. Las revistas pagan entre 25 y 2.000 dólares por un contenido bien escrito y con autoridad.

Un libro también le ofrece las credenciales para actuar como experto residente o corresponsal de medios de comunicación u organizaciones.

Los autores de no ficción pueden crear un negocio de consultoría o ampliar su clientela. Los autores de ficción pueden guiar a otros autores en el proceso de escritura.

La lista está limitada por el ingenio, el tema y la capacidad de reconocer y aprovechar las oportunidades que ofrece el libro. El objetivo es buscar métodos para explotar tu nueva posición como autor publicado para ganar dinero, ampliar tu perfil y descubrir nuevas vías para tus talentos (y tu libro).

CONCLUSIÓN.

No salga de su zona de confort para comercializar su libro de recetas o a usted mismo. No tiene por qué ser una complicada campaña de relaciones públicas ni una solución de alta tecnología por encima de sus posibilidades. Aquí tienes algunas sugerencias para ayudarte.

Usted es un escritor con un libro, pero también es una persona que puede relacionarse con individuos del mundo real. Utilice ambos recursos en línea.

Haga todo lo que hace normalmente con sus amigos, familiares, compañeros de trabajo y nuevos conocidos. Tenga en cuenta sus preguntas y responda a ellas ("La idea de este libro la saqué de. " "Mis hábitos de escritura son un poco extraños. ", etc.).

Estos temas despertarán el interés de su público principal y darán lugar a excelentes entradas en el blog. La gente disfruta viendo el interior de los pensamientos y las emociones de los autores. Piensa en formas no invasivas y atractivas de informar a la gente sobre tu libro, sobre todo si puede ayudarles o si tienes noticias o una fuerte recomendación (no de tu madre).

Por ejemplo, si eres escritor de novelas de misterio, regístrate en blogs de misterio y da tu opinión sobre el género o el tema. Si has escrito un libro de cocina, visita foros de recetas y ofrece una de tus recetas como regalo. Tu objetivo es aportar valor y aumentar tu visibilidad y credibilidad.

No promocione abiertamente su libro. A nadie le gusta una presentación de ventas autocomplaciente. No obstante, puedes añadir en una entrada del blog que una de las estrategias que has empleado en tu nuevo libro es vincular la frase "nuevo libro" a tu página web.

Por eso necesitas una página web. Puede ser una página de aterrizaje de una sola página para su libro, un sitio web completo para todos sus libros, o un blog para sus pensamientos y comentarios como escritor, con opciones para que los visitantes puedan previsualizar y comprar su libro.

Es aconsejable tener una URL. Ser conocido y querido por los demás es una gran ventaja. Incluso una página de Facebook dedicada a tu trabajo está bien, aunque no es tan profesional como un sitio web; sin embargo, es un lugar estupendo para ser agradable y agradable.

Sé una estrella del barrio. Puedes escribir un breve anuncio (de un párrafo) sobre la publicación electrónica de tu libro y de ti mismo. Envíalo a los periódicos locales y a los críticos de libros en línea de tu especialidad (con una foto tuya, la portada de tu libro o ambas).

Descríbase con más detalle en el artículo del periódico como "autor local". Menciona en tu sitio web o blog que recientemente ha aparecido un artículo sobre ti en el periódico local, lo que te convierte en una celebridad instantánea sin embargo, habrás creado una necesidad. Antes de empezar la promoción, asegúrate de tener una plataforma bien organizada para ti y tu libro.

Esto sólo representa la parte superior del iceberg. Hay mucho más. Sin embargo, no se deje intimidar. Sea auténtico. Sabes cuál es tu lugar en tu vida actual: en casa, con tu familia y amigos, en reuniones sociales, en el YMCA, en tu iglesia, en la escuela, etc. Ahora bien, ¿dónde encajas dentro de tu profesión en la red?

Usted es escritor. La gente está interesada en este asombroso logro. La gente está mucho más interesada en saber de ti que en leer tu libro. Ofréceles lo que desean.

P.D.: Sea culto. Haga que su libro sea editado y corregido por profesionales. Tenga una portada llamativa con una redacción concisa y potente. Consiga la mejor cita posible, preferiblemente de una publicación o de un autor de renombre.

Puede hacer muchas cosas pequeñas para entablar una conversación con las personas, compartir el valor y hablar de lo que cada uno está trabajando. La acción más poderosa y beneficiosa que puede llevar a cabo es establecer la credibilidad aportando valor a las personas interesadas en su campo. Las relaciones públicas no se venden. Forma parte del proceso de obtener reconocimiento. Si estás preparado, asistir a una conferencia de escritores de tu género es 10 veces más beneficioso.

El boca a boca es una herramienta eficaz. Busca un autor con varios libros electrónicos y síguelo en línea a través de Twitter y de su blog. Sigue todos sus enlaces, observa a dónde llevan y cómo se organizan, y pregúntales por dónde deberías empezar. Sé ingenioso. Distribuye pequeños folletos o tarjetas de visita anunciando tu libro en todas partes, incluso en los tablones de anuncios del YMCA.

Tiempo: Crear una presencia de autor para ti y para tu libro es, en principio, más vital que la autoría del libro. ¿Por qué? Si nadie lee tu libro, sufrirás una pérdida. Si no escribes el libro y todo el mundo viene

Habilidades de gestión para directivos.

1. Gestión del tiempo para directivos
2. Coaching de empleados para directivos
3. Creación de equipos para directivos
4. Confianza en sí mismo para directivos
5. Habilidades de negociación para directivos
6. Habilidades de atención al cliente para directivos
7. Asertividad para directivos
8. Etiqueta empresarial para directivos
9. Habilidades de escucha para directivos
10. Habilidades de liderazgo para directivos
11. Habilidades de comunicación para directivos
12. Habilidades de presentación para directivos
13. Gestión del estrés para directivos
14. Toma de decisiones para directivos
15. Gestión de conflictos para directivos.

Serie: Libertad financiera a cualquier edad.

- Lograr la libertad financiera a los 20 años
- Conseguir la libertad financiera a los 30 años
- Conseguir la libertad financiera a los 40 años
- Conseguir la libertad financiera a los 50 años
- Conseguir la libertad financiera a los 60 años
- Alcanzar la libertad financiera a los 70 años y más.
- Conseguir la libertad financiera en los niños
- Lograr la libertad financiera en los adolescentes
- Lograr la Libertad Financiera en los estudiantes universitarios.
- Estafas financieras a tener en cuenta en la jubilación.

Serie: Finanzas personales para usted.
- Compra y venta de criptomonedas para principiantes
- Por qué tiene sentido invertir en acciones de dividendos.

Serie: Riqueza 2022.
- Emprendimiento en línea.
- Empezar su propio negocio
- Gestión de la riqueza
- Ingresos pasivos.
- 12 pasos para iniciar su propio negocio.

Serie: Excelente servicio de atención al cliente.
- Excelente servicio de atención al cliente en el comercio minorista
- Excelente servicio de atención al cliente en comida rápida
- Servicio de atención al cliente excelente en restaurantes de servicio completo
- Excelente Servicio al Cliente en la Enseñanza
- Excelente servicio de atención al cliente en el sector inmobiliario

- Excelente Servicio de Atención al Cliente en un Centro de Llamadas
- Excelente Servicio de Atención al Cliente como Recepcionista
- Excelente Servicio al Cliente en un Hotel
- Excelente Atención al Cliente en la Venta
- Excelente Atención al Cliente sin importar la situación
- Excelente Atención al Cliente en Consultorio Dental
- Excelente Atención al Cliente en Consultorio Médico.

Serie: Dinero rápido.

- Dinero rápido en una semana
- Dinero rápido en un fin de semana
- Dinero rápido en un mes
- Dinero rápido para estudiantes.

Serie: Cómo promocionar.

- Cómo hacer que su negocio prospere durante una recesión
- Cómo promocionar su libro de recetas
- Cómo promocionar su libro infantil.

Biografía del autor

D.K. Hawkins A D.K. le gusta leer libros de negocios personales, así como pasar tiempo al aire libre. Más libros vendrán en esta colección, así que por favor siga en Amazon para más libros.

Gracias por su compra de este libro.

Honestamente lo aprecio y te aprecio a ti, mi excelente cliente.

Que Dios le bendiga.

D.K. Hawkins.

www.ingramcontent.com/pod-product-compliance
Lightning Source LLC
Chambersburg PA
CBHW070235220526
45465CB00004B/1431